D1749150

Iela und Enzo Mari

Die Henne und das Ei

Ellermann

© 1969 Iela und Enzo Mari.
Titel der italienischen Originalausgabe:
»L'uovo e la gallina«
Emme Edizioni, Milano
Deutsche Ausgabe
© 1970 Verlag Heinrich Ellermann, München
Alle Rechte vorbehalten
7. Auflage 1981
Printed in Italy · Industrie Grafiche Cattaneo S.p A. - Bergamo

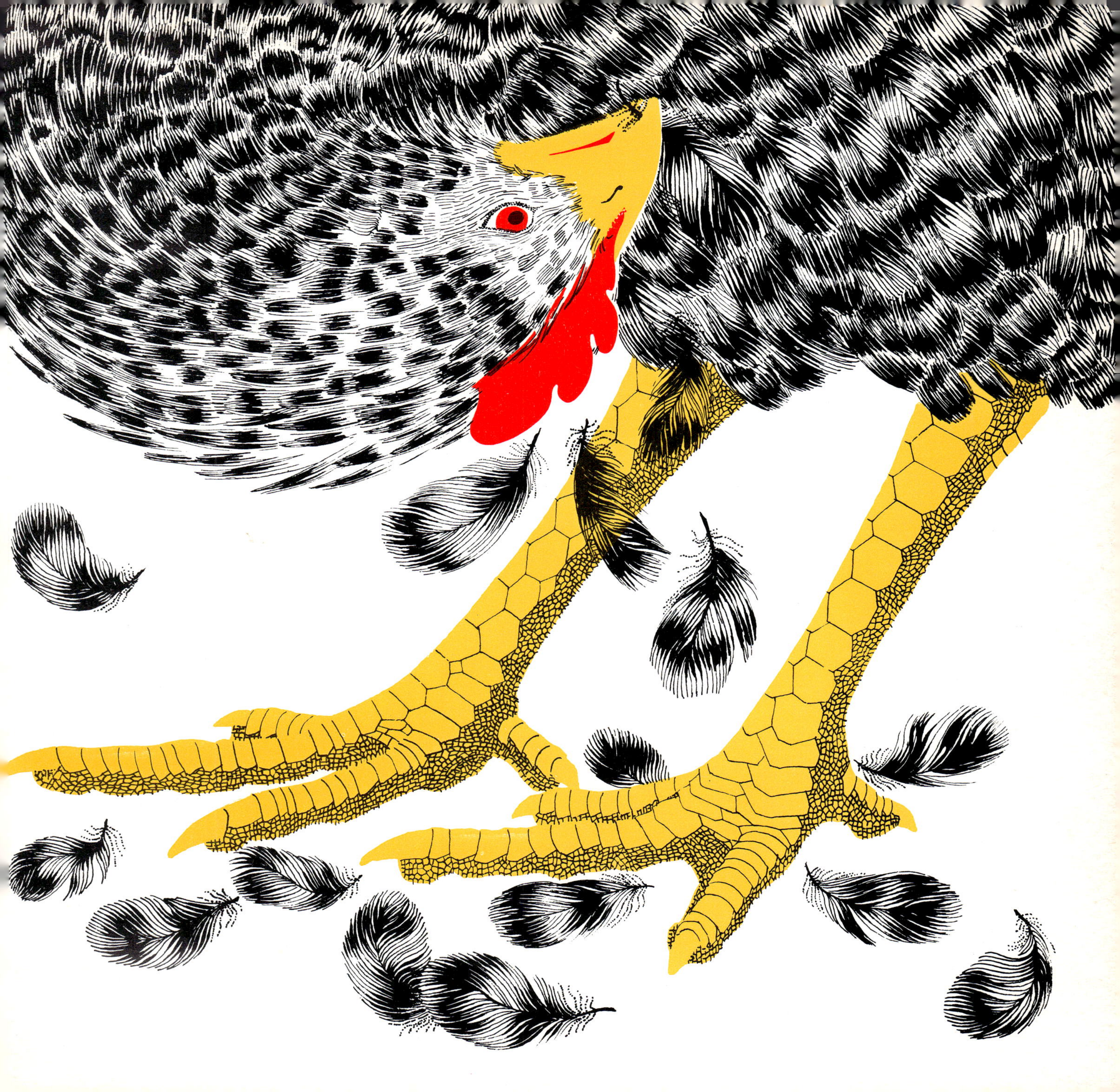

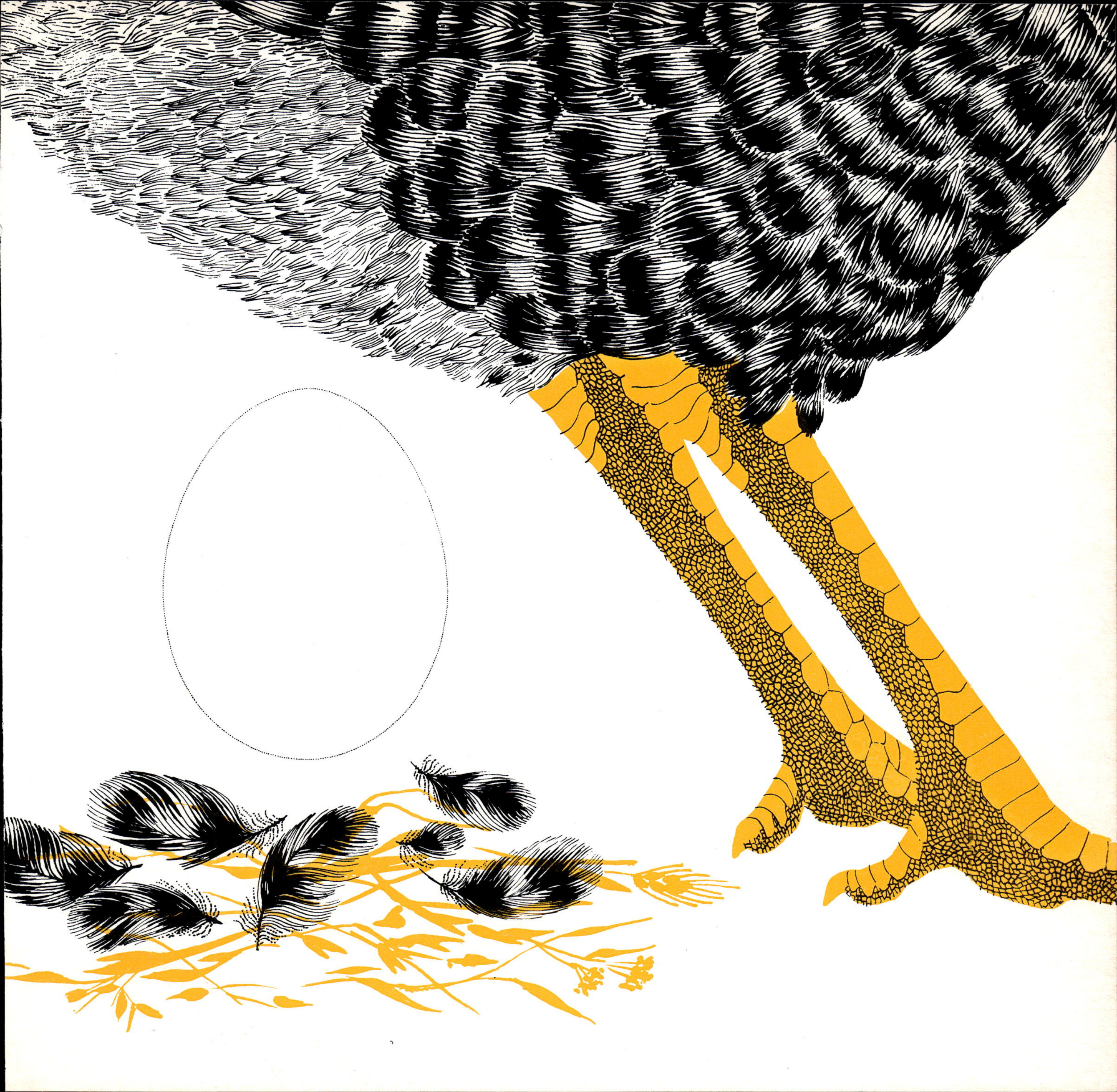

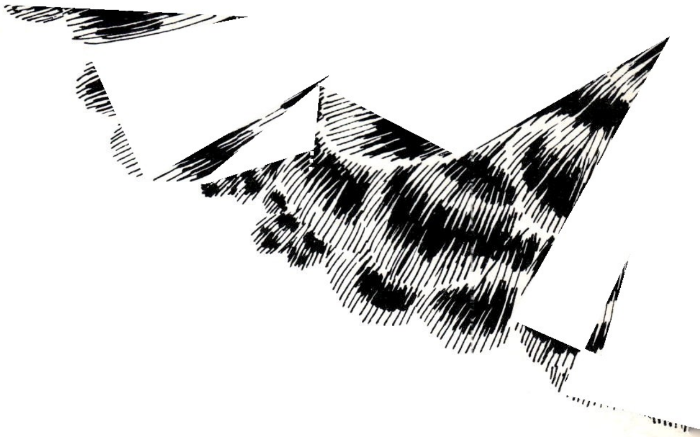

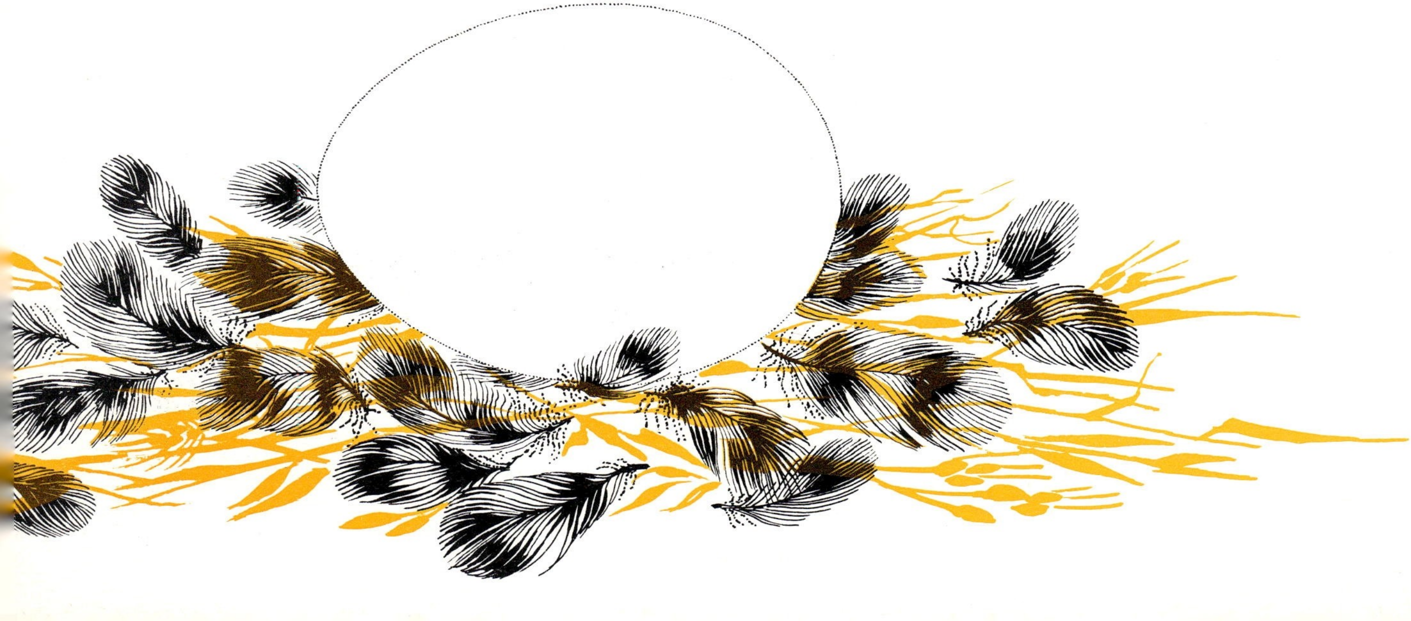

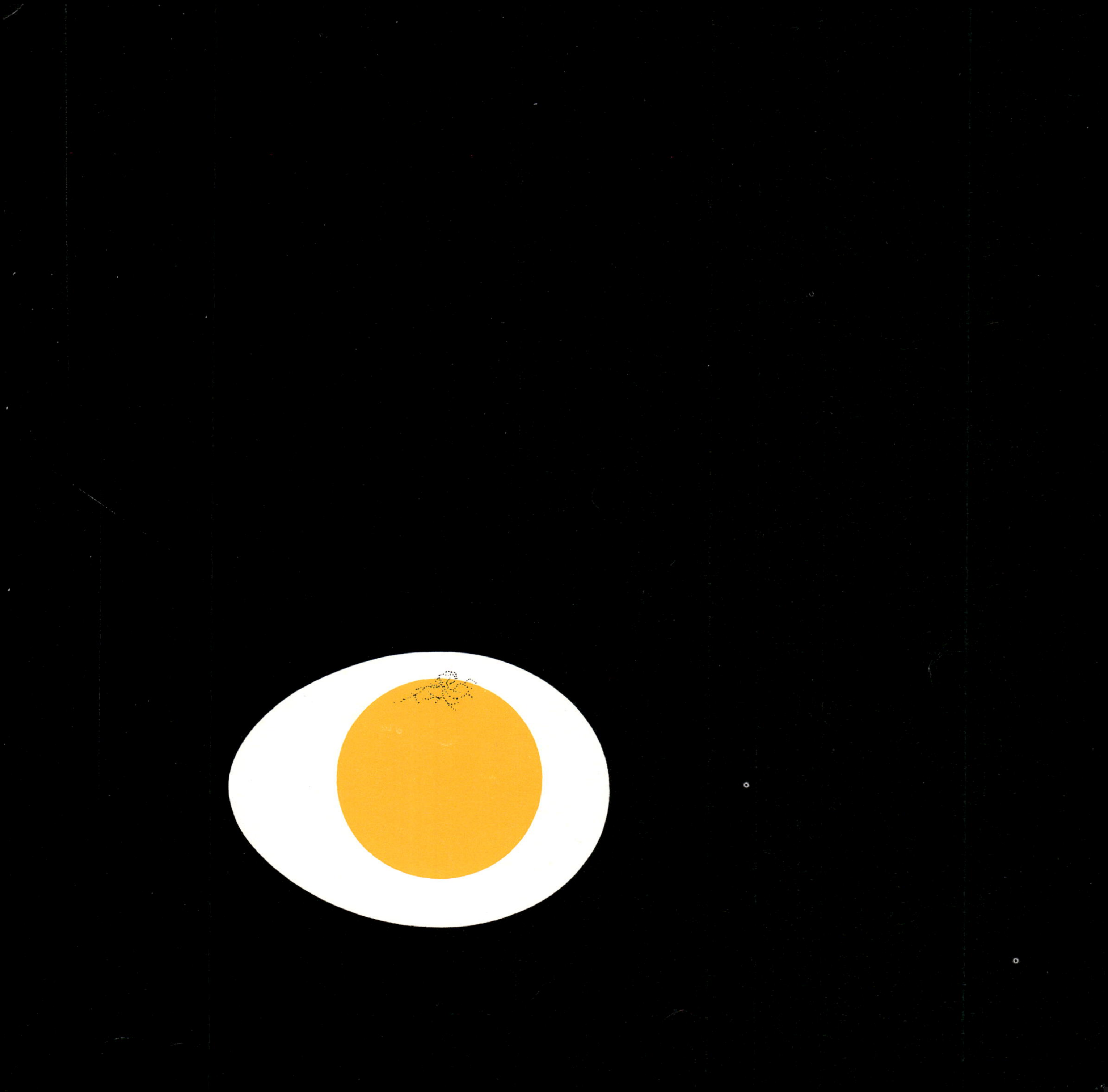

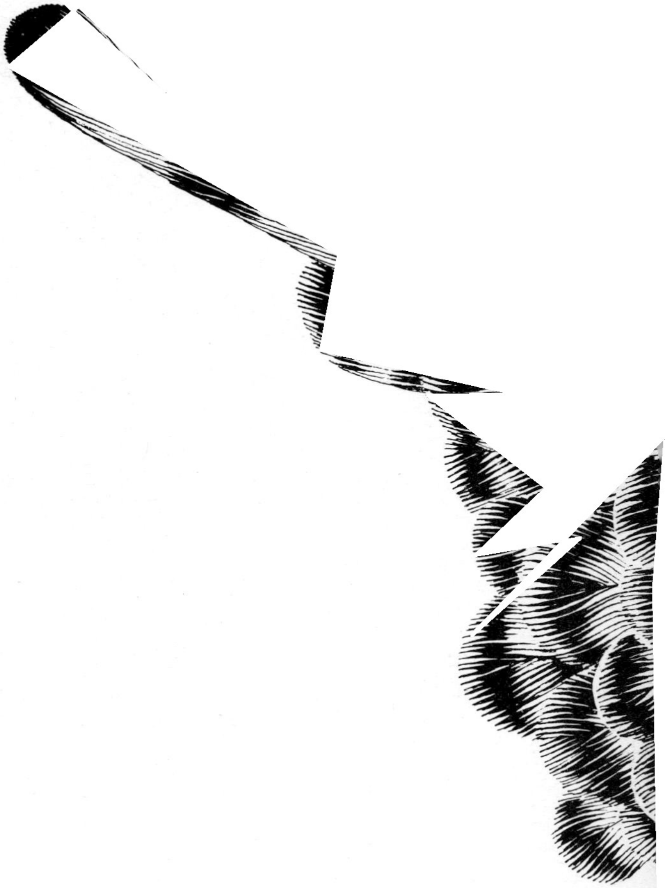

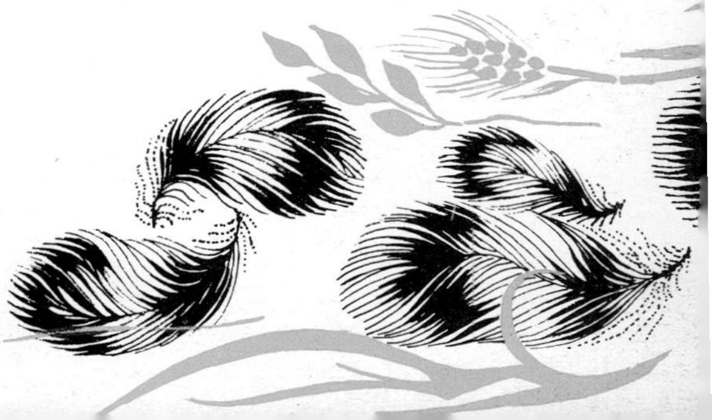

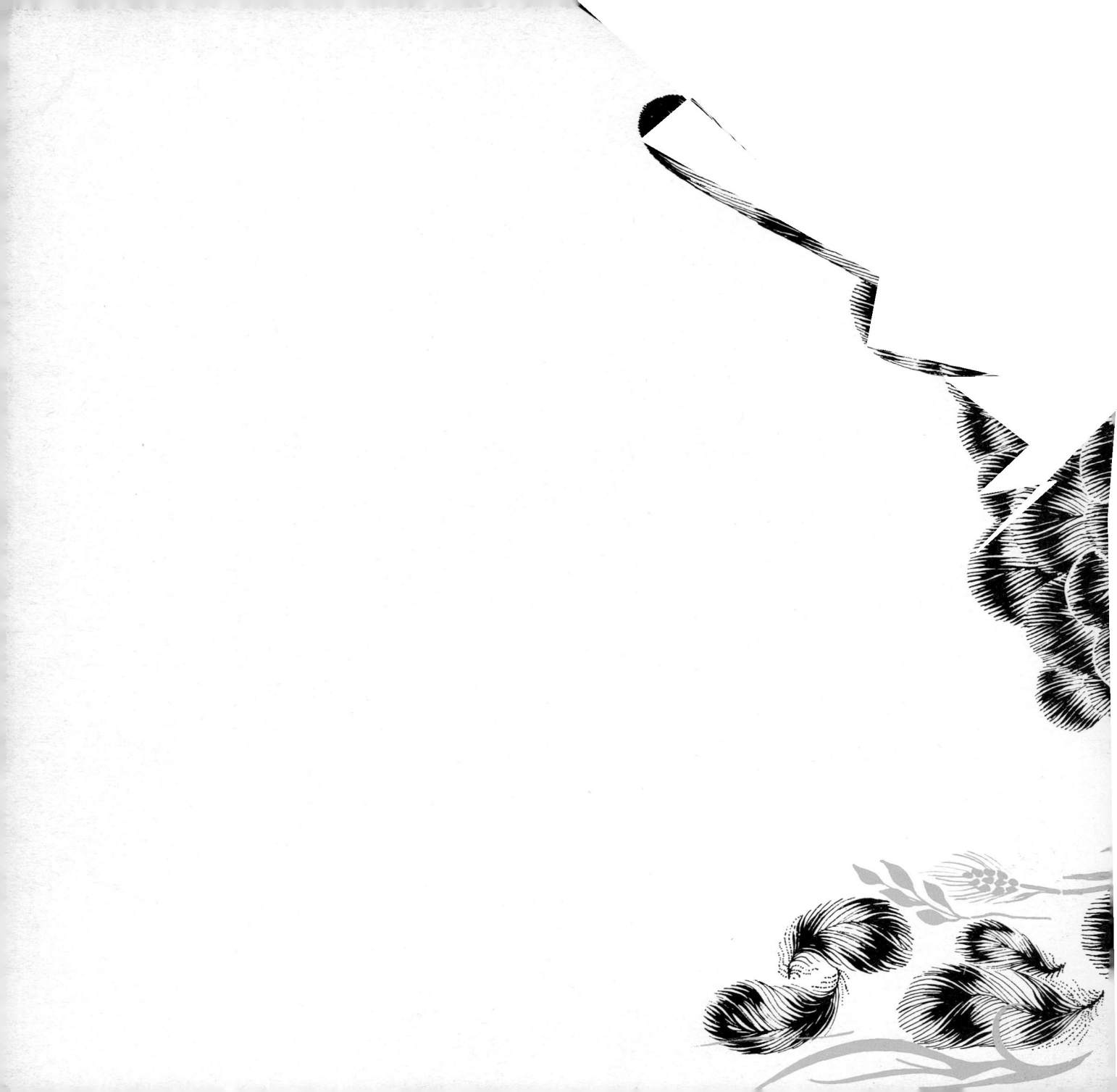

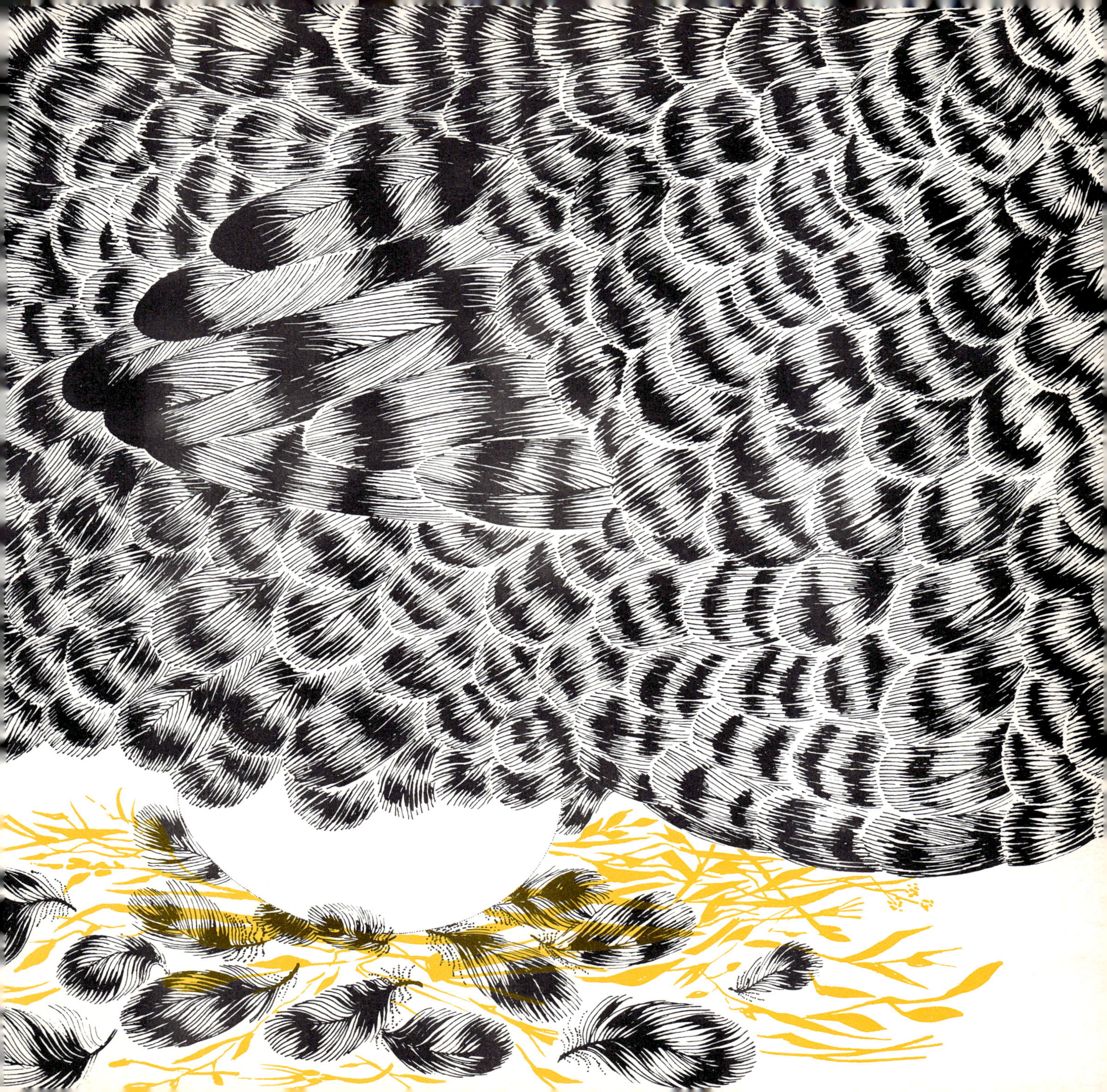

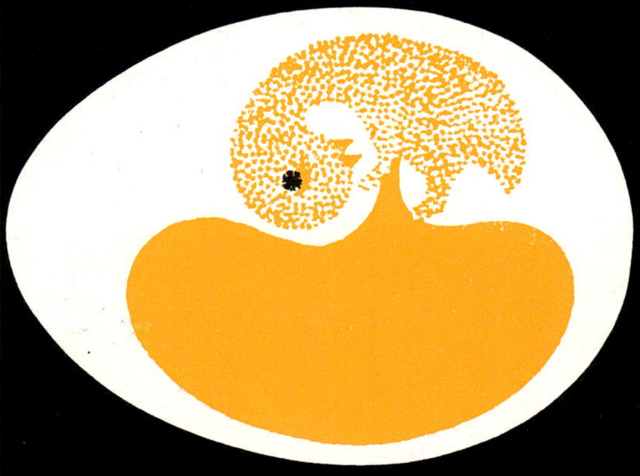

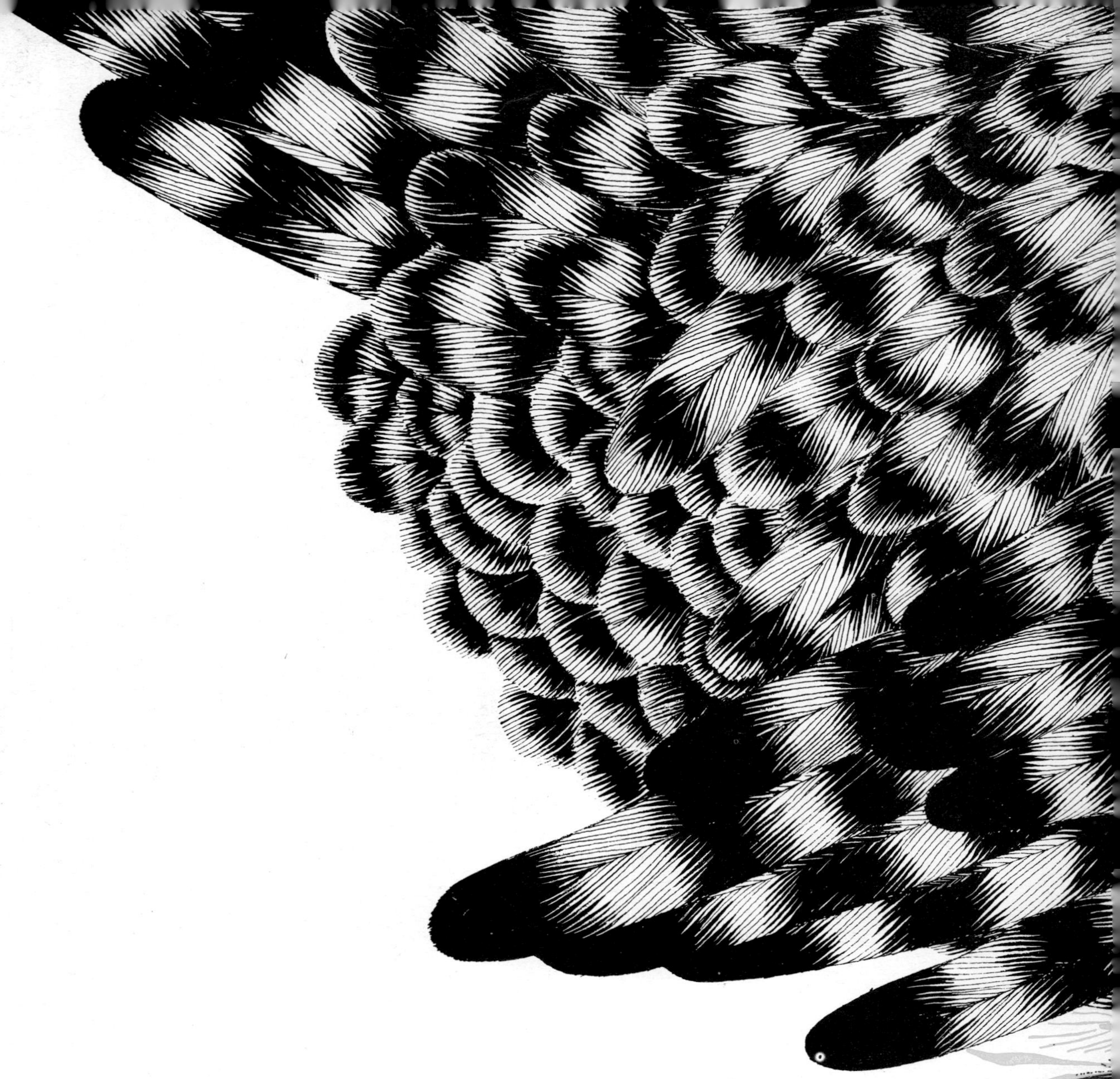

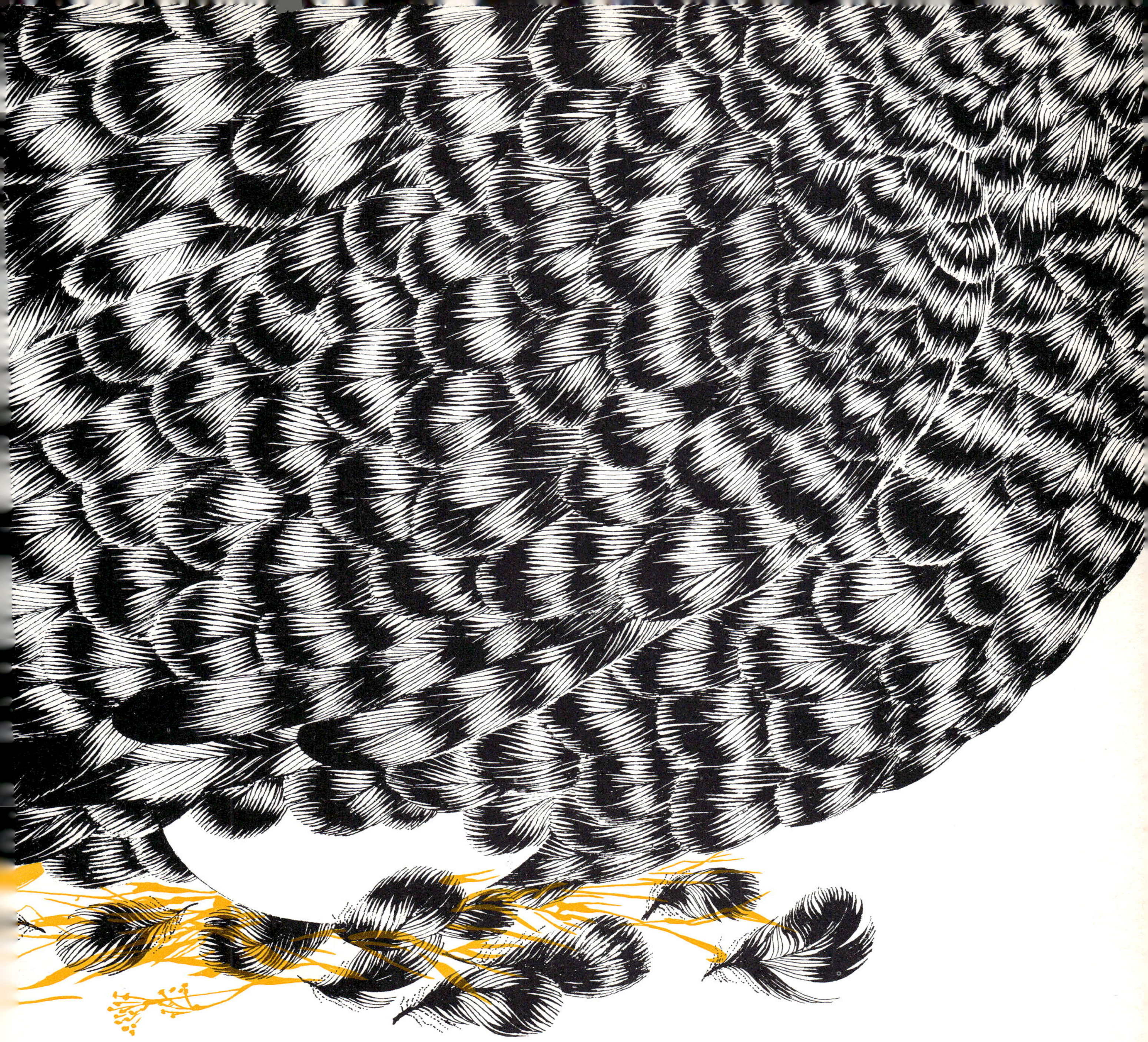

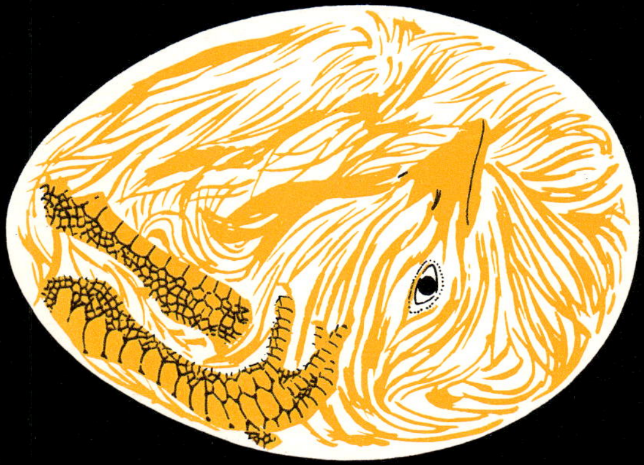

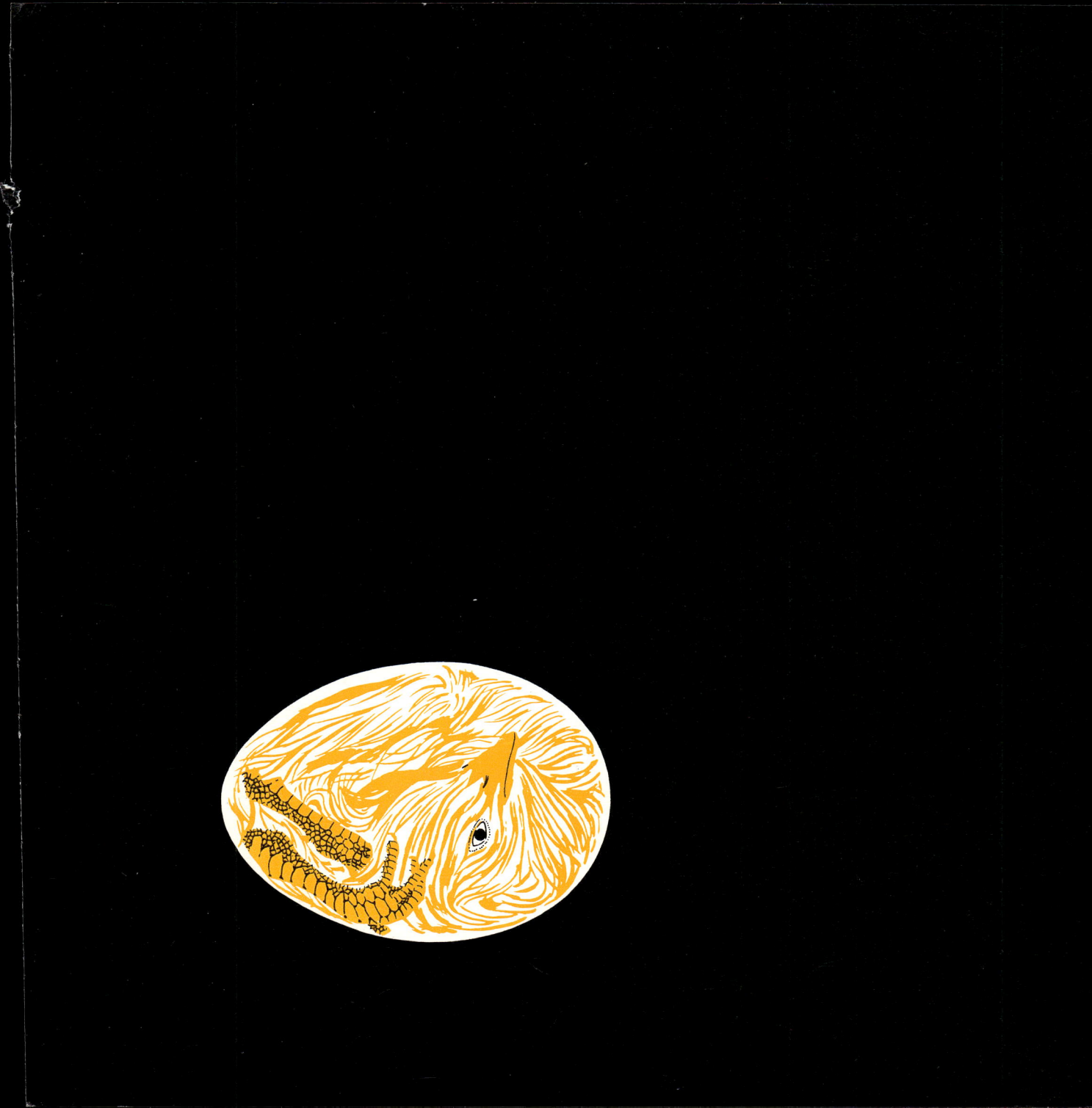

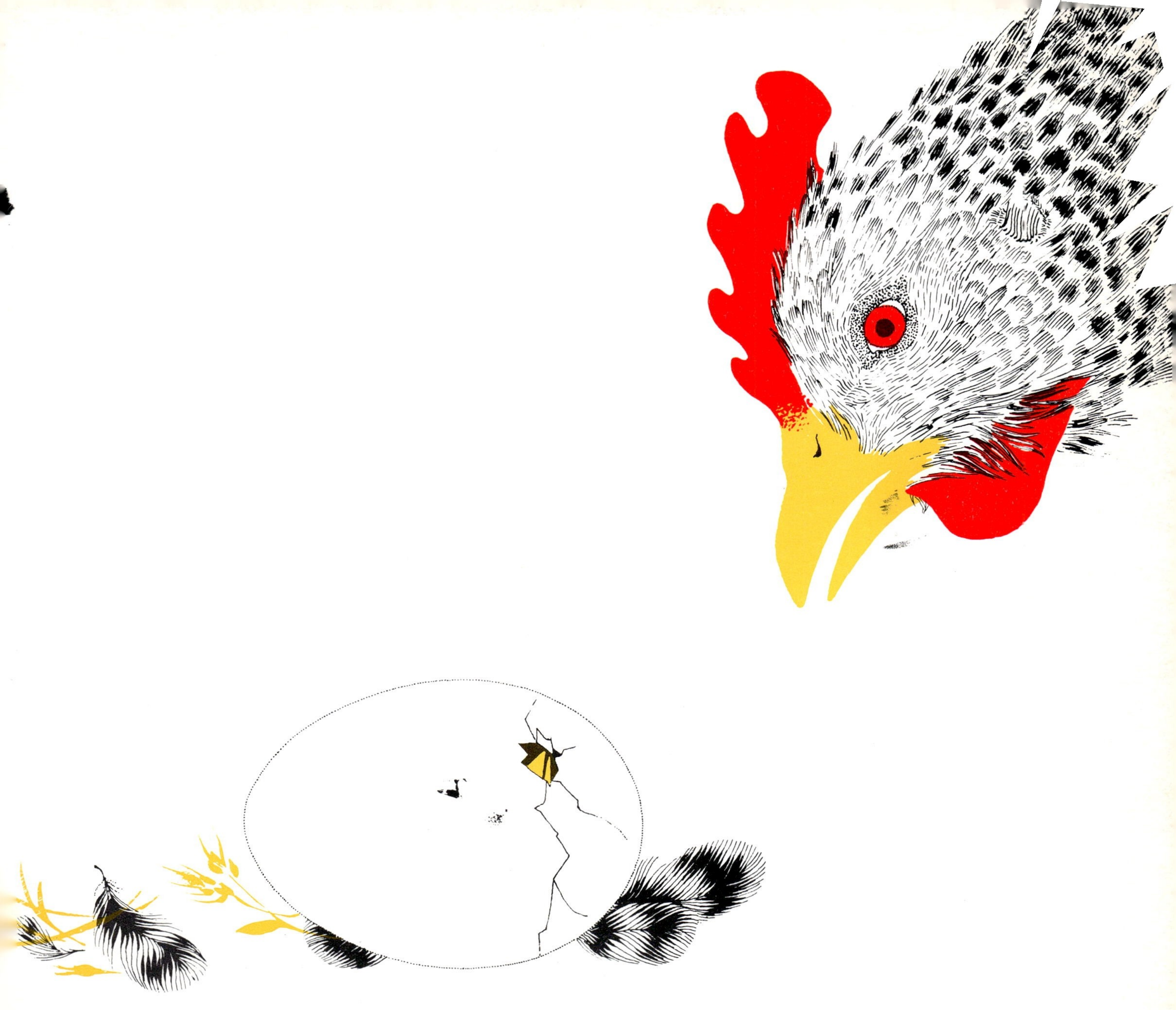

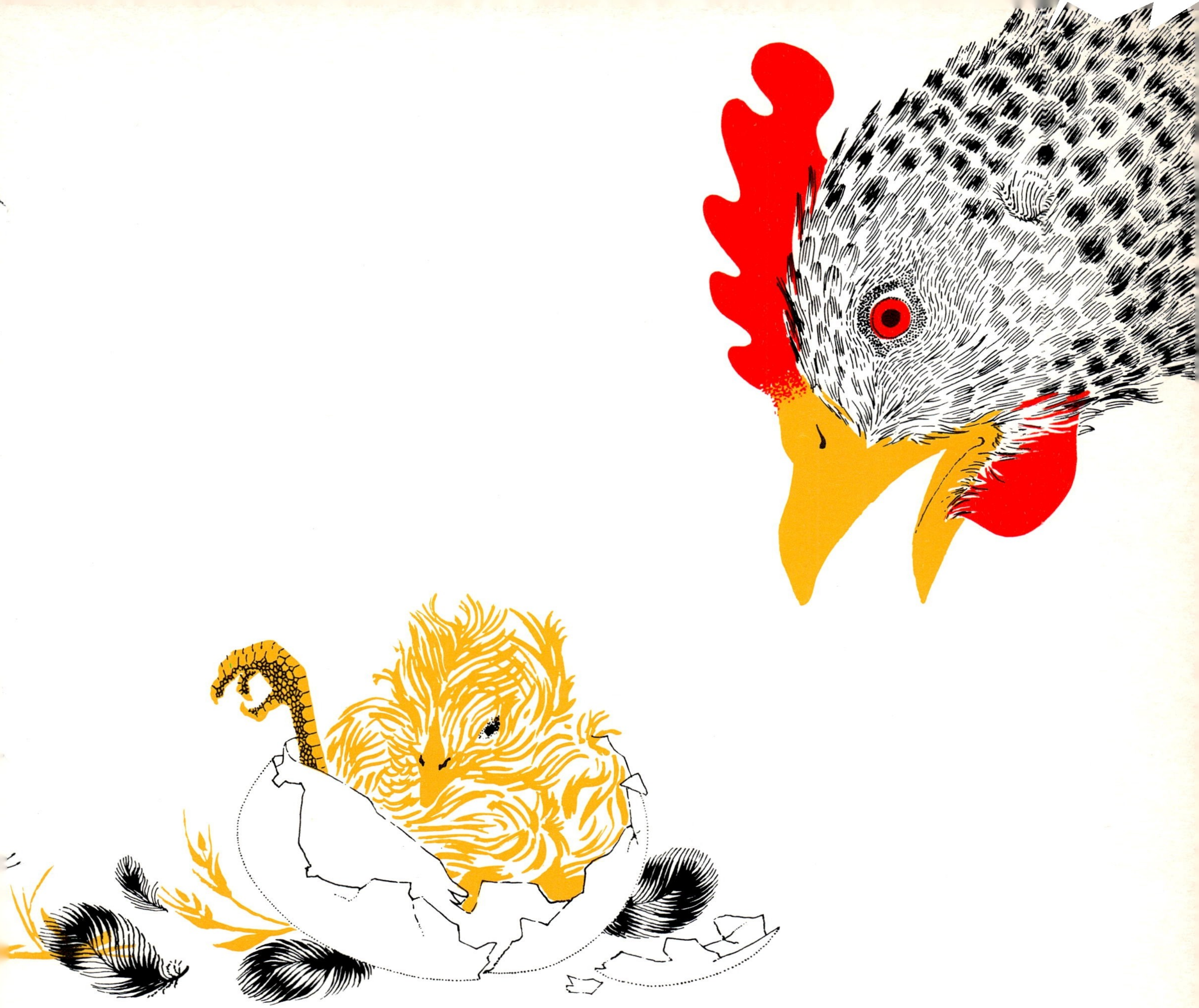

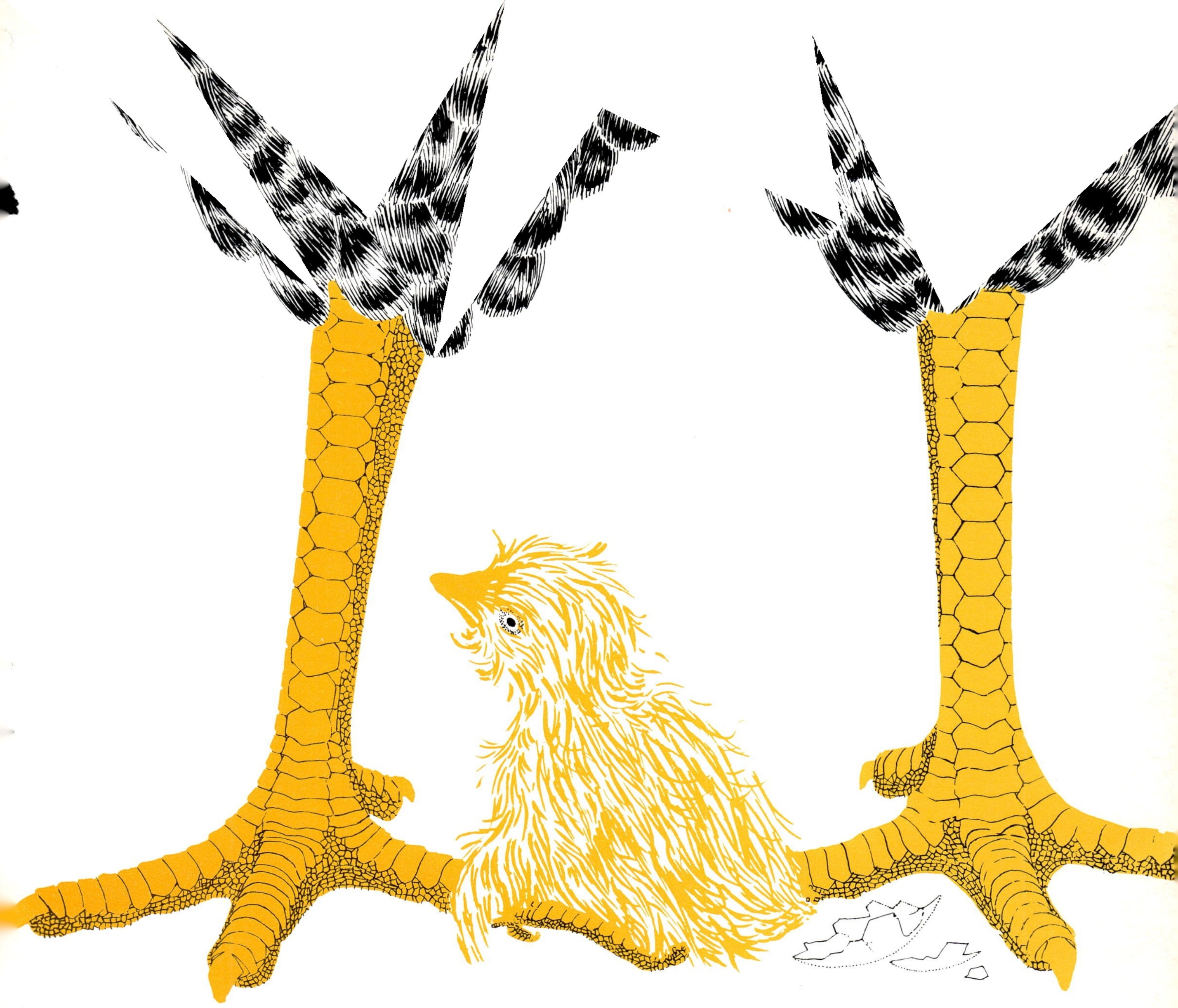

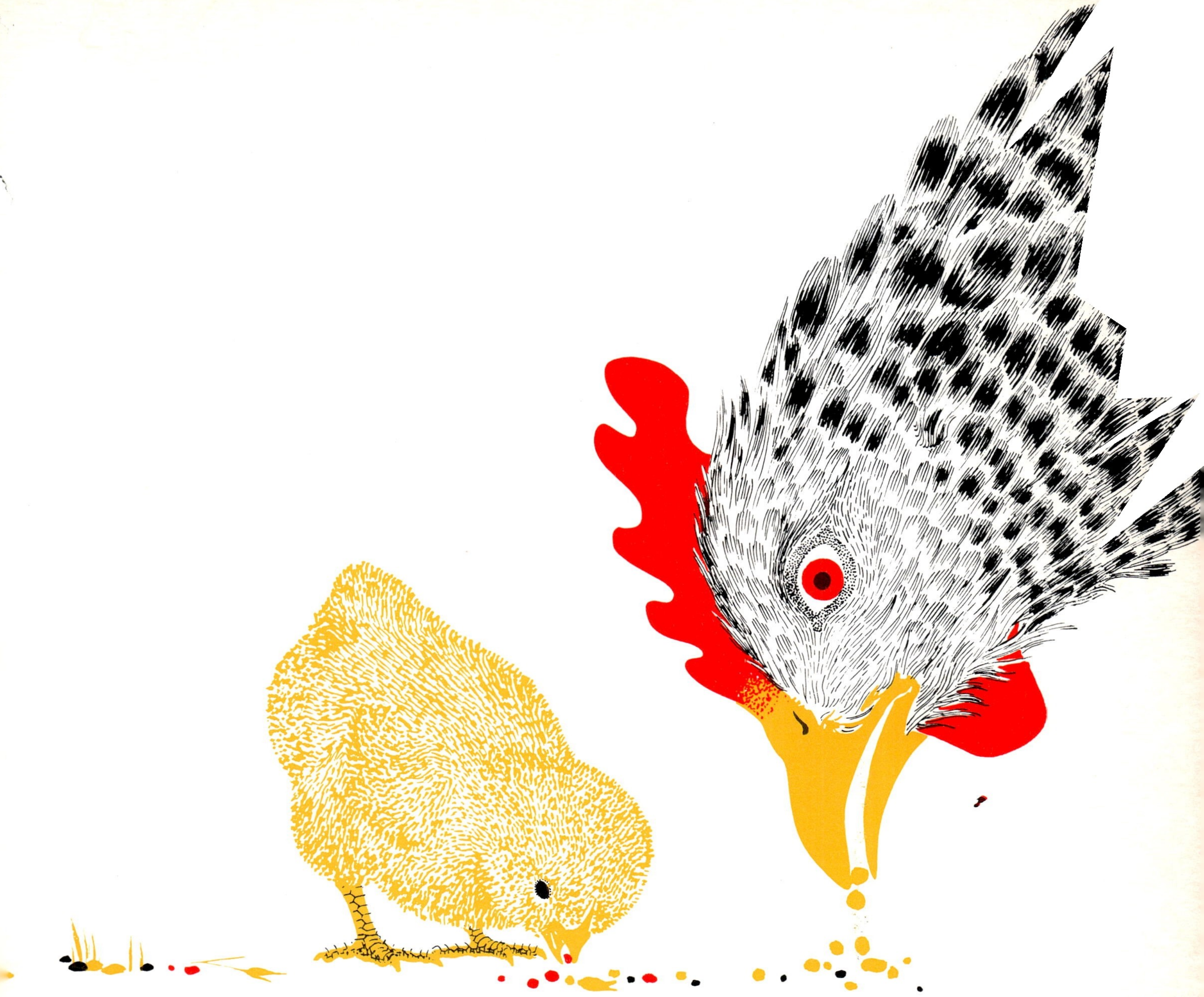

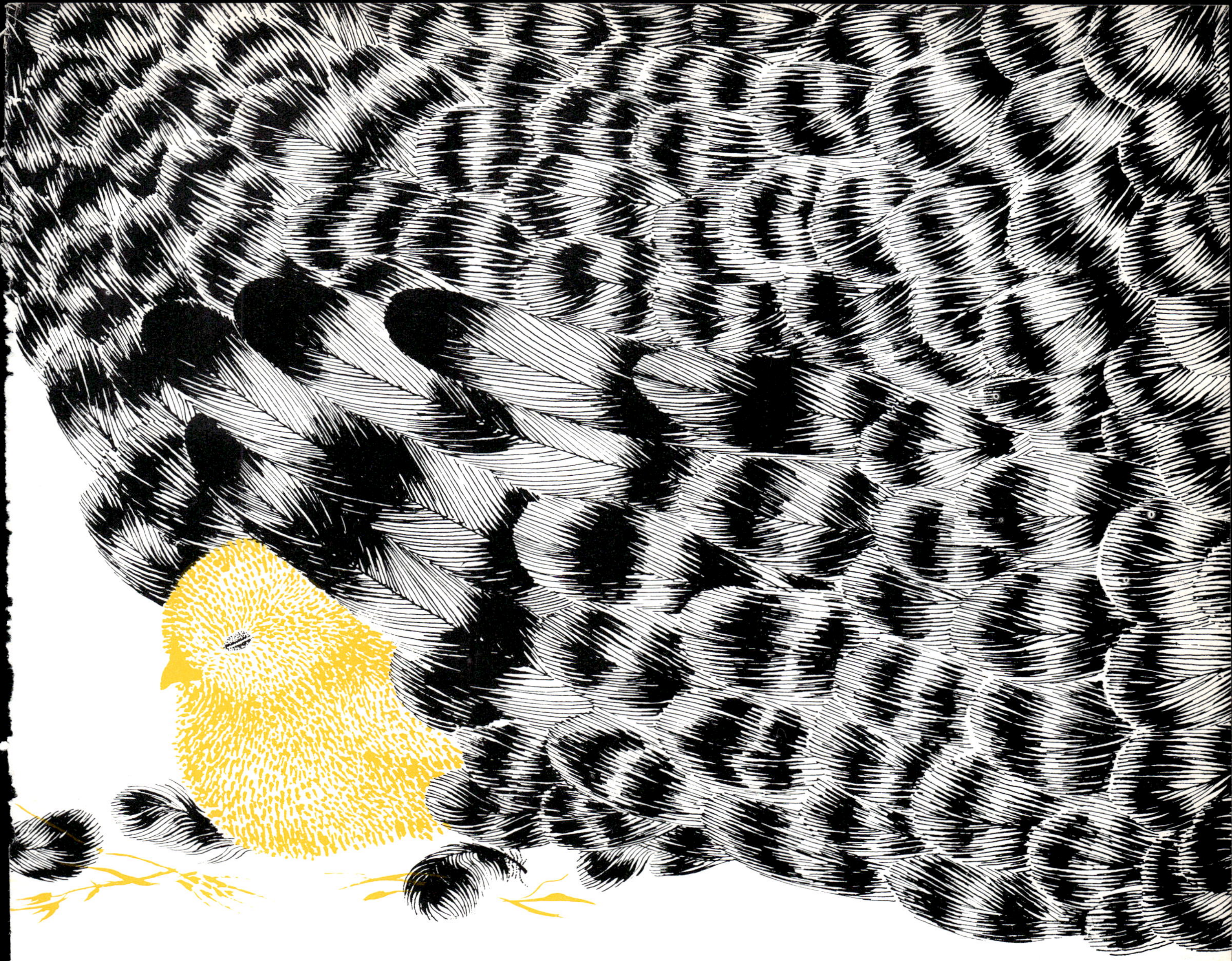

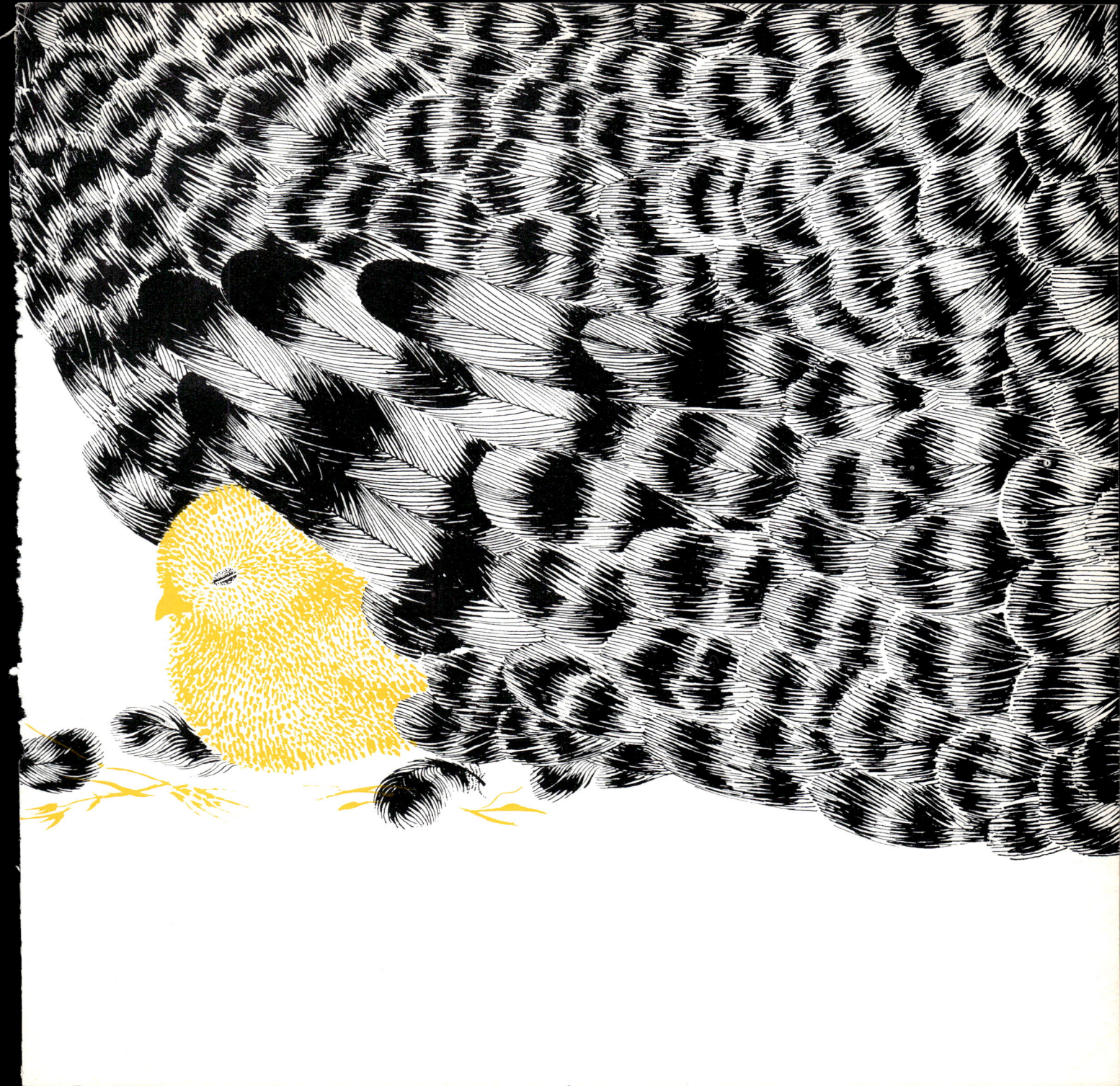

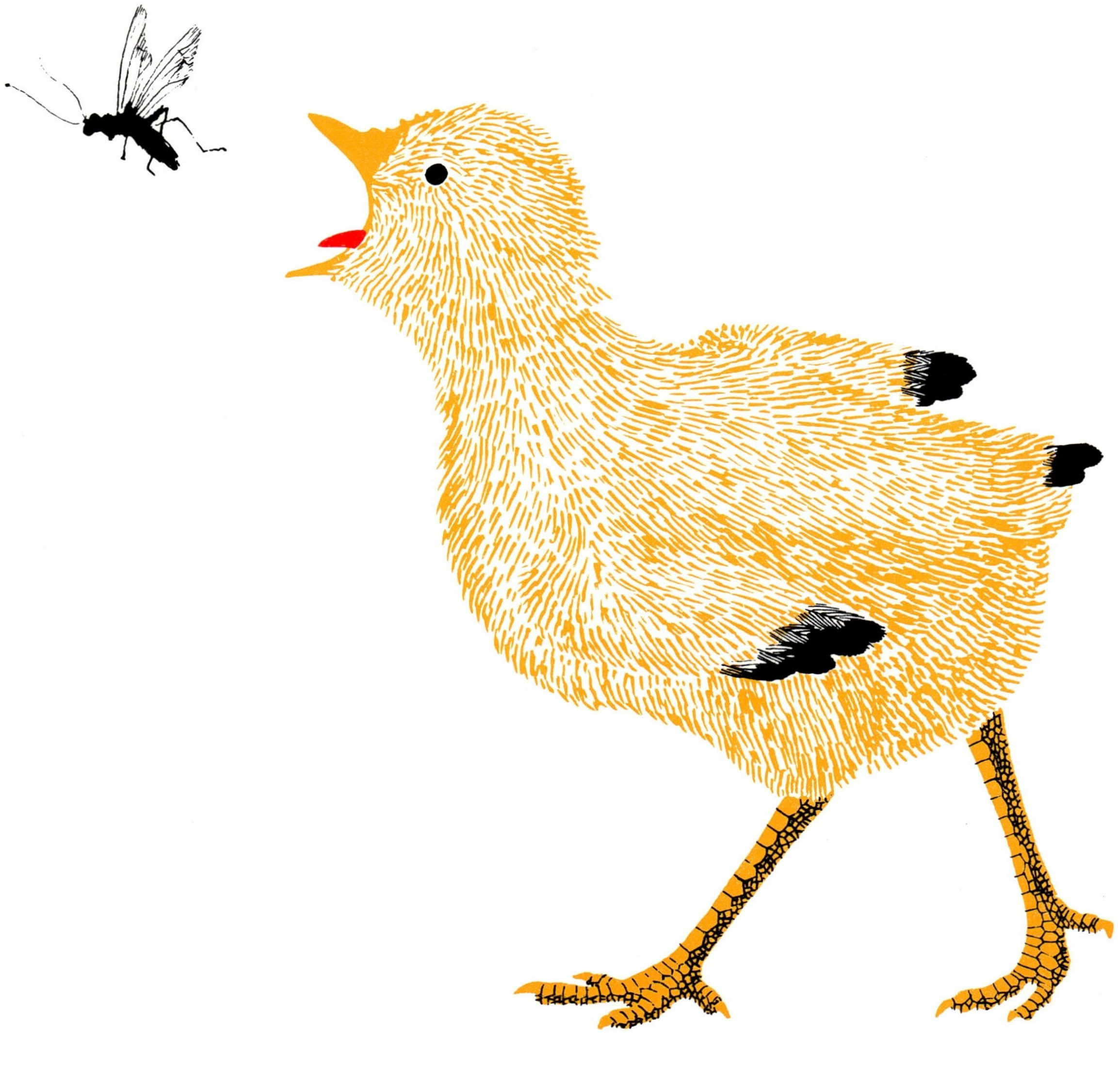